LL. MM. II. et RR.

NAPOLÉON ET JOSÉPHINE

ET SS. PIE VII,

à Chalon-sur-Saône,

(Avril 1805)

PAR VICTOR FOUQUE,

Correspondant du Comité de la Langue, de l'Histoire et des Arts de la France, institué près le Ministère de l'Instruction publique et des Cultes : Membre de la la Société de l'Histoire de France, etc.

« Les chalonnais sont autant gracieux
de train et bon cœur envers ceux qui
abondent en leur ville, qu'autres habitants du royaume de France.

SAINT JULIEN DE BALLEURE.

CHALON S. S.,

L'AUTEUR-ÉDITEUR,

Rue du Pont.

1852.

LL. MM. II. et RR.

NAPOLÉON ET JOSÉPHINE

ET SS. PIE VII

à Chalon-sur-Saône.

LL. MM. II. et RR.

NAPOLÉON ET JOSÉPHINE

ET SS. PIE VII,

à Chalon-sur-Saône,

(Avril 1805)

PAR VICTOR FOUQUE,

Correspondant du Comité de la Langue, de l'Histoire et des Arts de la
France, institué près le Ministère de l'Instruction publique
et des Cultes ; Membre de la la Société de
l'Histoire de France, etc.

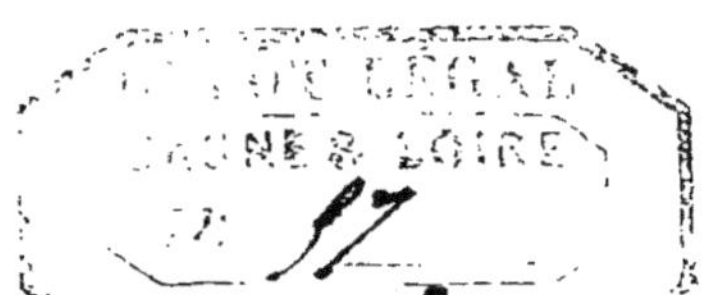

> « Les Chalonnois sont autant grac eux,
> » de franc et bon cœur envers ceux qui
> » abordent en leur ville, qu'autres habi-
> » tants du royaume de France.
>
> « SAINT-JULIEN DE BALLEURE. »

CHALON S. S.,

L'AUTEUR-ÉDITEUR,

Rue du Pont.

1852.

Chalon-sur-Saône , Typ. MONTALAN.

Généralement, lorsque un historien écrit l'histoire d'une ville ou d'une province, il s'attache à faire connaître le plus succinctement possible, les actions et les évènements dignes de mémoire.

C'est ainsi que, dans notre Histoire de Chalon-sur-Saône, nous avons indiqué sommairement le séjour de l'empereur Napoléon, de l'impératrice Joséphine et du souverain pontife Pie VII, dans notre ville, au mois d'avril 1805. Les Chalonnais de cette époque ont conservé un si agréable et un si pieux souvenir de ce séjour, qu'ils ne parlent encore qu'avec respect et vénération de leurs illustres hôtes.

Nous allons essayer de faire connaître à la génération actuelle tout ce qui a été dit et fait en cette mémorable circonstance ; puisse cette nouvelle génération éprouver le même plaisir à lire ce récit, que celui que nous éprouvons à l'écrire.

Le consulat durait depuis quatre ans et demi. De même que de nos jours, la France pouvait être, en quelque sorte, considérée comme étant placée en viager sur une tête menacée incessamment par le poignard des assassins. Le sénatus-consulte, du 18 mai 1804, mit heureusement un terme à ce fatal état de choses, en déférant le titre d'Empereur héréditaire à Napoléon Bonaparte, alors premier consul à vie, depuis le 2 août 1802.

De nos jours, et de même qu'en 1804, la sécurité et l'avenir de la France reposaient sur la tête d'un seul homme, menacé, comme son oncle, par le poignard de la démagogie. Par son sénatus-consulte, du 7 novembre 1852, le Sénat, en déférant la couronne impériale héréditaire au Prince Louis-Napoléon Bonaparte, Président de la République, depuis le 10 décembre 1848, a mérité la reconnaissance éternelle des Français. En présence des acclamations sympathiques qui ont accueilli le Prince Louis-Napoléon pendant tout le cours de son voyage dans le midi de la France, il n'est pas douteux un seul instant, que cet acte suprême du Sénat ne soit sanctionné par la population tout entière, convoquée dans ses comices électoraux, pour les 21 et 22 novembre 1852.

Napoléon Bonaparte en recevant le sénatus-consulte, du 18 mai 1804, des mains de Cambacérès, président du Sénat, prononça les paroles suivantes :
« ...... Tout ce qui peut contribuer au bien de la
» patrie est essentiellement lié à mon bonheur ;
» j'accepte le titre que vous croyez utile à la gloire
» de la nation. Je soumets à la sanction du peuple
» la loi de l'hérédité ; j'espère que la France ne se
» repentira jamais des honneurs dont elle environne
» ma famille. Dans tous les cas, mon esprit ne sera
» plus avec ma postérité le jour où elle cesserait
» de mériter l'estime et la confiance de la grande
» nation. »

Tels sont les sentiments honorables qui animent aussi le Prince Louis-Napoléon, qui, en recevant le sénatus-consulte qui lui défère aussi la couronne impériale, a rappelé avec bonheur ces paroles mémorables de l'Empereur, son oncle.

Le sénatus-consulte du 7 novembre n'est rien autre que la continuation de l'accomplissement des prophéties que fit l'Empereur lorsque, le 1ᵉʳ décembre 1804, le Sénat lui présenta le sénatus-consulte relatif aux vœux exprimés par le peuple en faveur de l'Empire. « Nos descendants, dit Napoléon , con-
» serveront longtemps ce trône. Ils ne perdront ja-
» mais de vue que le mépris des lois et l'ébranlement
» de l'ordre social ne sont que le résultat de la fai-
» blesse et de l'incertitude du prince. » Nobles paroles, nobles sentiments qui forment la base de la conduite du Prince Louis-Napoléon.

Le sénatus-consulte du 18 mai , fut bientôt sanctionné par trois millions cinq cent vingt-un mille six cent soixante-quinze vœux exprimés sur soixante mille registres ouverts sur tout les points du territoire français.

Le clergé, de son côté, se montra reconnaissant envers l'auteur du concordat de 1801 ; il s'empressa d'appeler — ainsi qu'il le fait aussi de nos jours à l'égard du Prince Louis-Napoléon — les bénédictions du Ciel sur la tête de l'Empereur, et de saluer le nouveau monarque de tous les noms et de tous les titres sacrés que les livres saints purent lui fournir. Le 2 décembre 1804, dans l'église métropolitaine de Notre-Dame de Paris , splendidement décorée pour cette solennité, en présence de la famille impériale , des grands dignitaires de l'Etat , des princes de l'Eglise et d'une foule innombrable, Napoléon fut sacré par S. S. Pie VII, venu tout exprès de Rome pour cette auguste cérémonie.

A peine le souverain Pontife eut-il béni la couronne impériale, que l'Empereur la posa lui-même sur sa tête, et qu'il couronna ensuite, aussi de ses mains, l'impératrice Joséphine.

Mais loin de nous la pensée de vouloir faire ici l'histoire de cette brillante et mémorable époque. Des plumes beaucoup plus savantes et bien plus exercées que la nôtre, ont rempli cette noble tâche. Cependant nous dirons encore, qu'appelé par les vœux de la nation Italienne, Napoléon accepta le titre de roi d'Italie qu'il ajouta au titre si glorieux d'Empereur des Français. En conséquence de cette décision, le souverain, accompagné de l'impératrice Joséphine, et d'une cour nombreuse et brillante, quitta Fontainebleau, le 3 avril 1805, et se dirigea vers Milan, où l'attendait la couronne de fer des rois de Lombardie.

M. de Champagny, ministre de l'intérieur, précédait d'un jour LL. MM. impériales et royales. Il arriva à Chalon-sur-Saône, le vendredi avant-veille du dimanche des Rameaux, le 5 avril 1805. M. Royer, nommé tout récemment maire de notre vieille cité, en donna avis à ses administrés par un arrêté qui ordonna aux habitants d'illuminer leurs maisons à sept heures du soir, en l'honneur du ministre de S. M.

De grands préparatifs avaient été faits par les magistrats municipaux et par les Chalonnais pour recevoir avec honneur et magnificence l'Empereur, l'Impératrice et les personnes éminentes qui les accompagnaient.

Certes, ce n'était pas un petit honneur pour notre vieille et illustre Orbandale et ses habitants que l'arrivée dans leurs murs « d'un héros aussi grand dans
» la paix que dans la guerre; de l'homme immortel
» qui a su dompter l'anarchie, rétablir les autels,
» rappeler les proscrits et forcer à l'admiration ses
» ennemis comme ses amis. (1) » Cependant la ville de Chalon était habituée depuis longtemps à recevoir des têtes couronnées. Car, outre Gontran et Thierry, rois de Bourgogne, qui en firent leur séjour de prédilection, notre vieille cité a reçu successivement la visite de la reine Brunehaut, en 607; celle du roi Dagobert, en 635; de Clovis II, en 649, pour y présider une assemblée des Etats généraux; de Charlemagne, qui y convoqua un concile, en 813, et qui fit réparer la cathédrale et les autres édifices dévastés par les Barbares; de Louis-le-Débonnaire, en 818 et en 839, où il tint et présida en personne des Etats généraux; de Louis VII, en 1166, qui y entra en vainqueur pour réprimer les exactions commises par Guillaume 1er, comte de Chalon, sur l'abbaye de Cluny; du roi Jean, le 19 octobre 1362; de Charles VI, en 1389; de Charles VIII, en 1494; de Louis XII, en 1500; de François 1er, en 1521; de Henri II, en 1548; de Charles IX, encore enfant, le 31 mai 1564; de Louis XIII, en janvier 1629; de Louis XIV, le 20 novembre 1658; sans compter des rois

______

(1). Tous les passages *guillemétés* de cet écrit sont copiés littéralement dans les registres de l'Hôtel-de-Ville de Chalon-sur Saône.

et des reines étrangers, les ducs de Bourgogne, qui y séjournèrent souvent, et des éminents et puissants personnages. Tous ces hôtes illustres recevaient à Chalon l'hospitalité la plus cordiale, la plus confortable et la plus magnifique. Mais revenons à notre sujet, le séjour de l'empereur Napoléon et de l'impératrice Joséphine à Chalon.

Dans la rue d'Autun, à peu de distance de l'octroi, vis-à-vis le lieu situé alors au coin du rempart Saint-Pierre, où M. Letorey a bâti sa maison, en un mot sur un « emplacement très-malpropre alors et très-
» inégal, mais qui fut promptement déblayé et nive-
» lé, » on éleva un « arc de triomphe du meilleur
» goût et d'une excellente exécution. »

Cet arc de triomphe, d'un ordre composite, fut construit par M. Lachaume, voyer de la ville, et M. Zolla, architecte, d'après les dessins et le plan de ce dernier. Ce fut M. Laneuville, décorateur du théâtre de Chalon, qui exécuta les peintures « qui, quoique
» faites à la détrempe, étaient d'un bon effet. Ces
» trois artistes ont réellement honoré Chalon par
» une exécution qui a été universellement admirée
» et qui a surpris ce grand nombre d'hommes accou-
» tumés à croire tous les talents renfermés dans les
» grandes villes.

» Ce très-beau monument avait soixante-cinq
» pieds d'élévation, quarante-six pieds de largeur,
» et dix pieds de profondeur. La porte avait dix-
» huit pieds de hauteur, sous le cintre duquel (sic)
» était suspendue une double couronne, entrelacée
» de laurier et d'olivier; cette porte avait treize pieds
» d'ouverture.

» Sur la façade extérieure étaient ces mots :
» BELLATORI SEMPER INVICTO, placés au bas du chiffre
» de l'Empereur, sur l'entablement de l'édifice.

» Sur la façade intérieure, on lisait une autre
» devise, placée au bas d'un médaillon qui renfer-
» mait l'étoile de la Légion-d'Honneur : RESTITUTORI
» QUIETIS.

» La masse de cet édifice, la justesse et l'élégance
» de ses proportions, et l'à-propos de ses ornements,
» ont mérité à l'auteur du plan et à ses exécuteurs,
» non seulement des éloges unanimes, mais l'aveu
» encore unanime des voyageurs que cet arc de
» triomphe était le mieux conçu et le mieux exécuté
» qu'ils eussent rencontré sur l'une et l'autre route,
» sans en excepter celui même de Lyon. »

On eut d'abord l'intention d'adapter à l'Obélisque, élevé en tête de l'arrière bassin (1) du canal
du Centre, une décoration représentant une des
pyramides d'Egypte. « Mais le temps manqua à son
» exécution. » On se contenta alors de placer au
sommet de l'Obélisque un globe doré sur lequel on
posa une aigle impériale aux aîles éployées, aussi
dorée. Les quatre faces du piédestal du monument
furent décorées des inscriptions suivantes :

Au Nord :

« A Napoléon-le-Grand, Empereur et Roi, »

Au Levant :

« Napoléon, jeune encore, a vécu plusieurs

______

(1). Cet arrière bassin a disparu. On a construit sur son
emplacement le débarcadère du chemin de fer.

» siècles. Son règne servira de modèle ou de repro-
» che à ses successeurs. »

Au Midi :

« L'Eglise gallicane pacifiée; les troubles inté-
» rieurs dissipés ; les proscrits rappelés ; les lois
» perfectionnées; les écoles publiques instituées ;
» le mérite décoré. »

Au Couchant :

« L'Europe, l'Asie, l'Afrique furent témoins de sa
» valeur; la France reprend son antique splendeur.
» Il crée des royaumes ; soldat, consul, empereur,
» il n'a combattu, il ne combat que pour obtenir la
» paix. (1) »

(1). Telle fut l'origine de l'aigle et des inscriptions qui ont décoré l'Obélisque pendant dix ans.

Mais avant d'être décorée de ces glorieux emblèmes, la pyramide a été le théâtre, en 1793, d'une orgie, qualifiée de banquet patriotique, à l'occasion de l'inauguration du bonnet phrygien, au faîte du monument. Quatre femmes, dont par pudeur nous tairons les noms, prirent part à ce repas, qui eut lieu sur la plate-forme d'un échafaudage dressé autour de l'Obélisque.

Après la désastreuse capitulation de Paris, en 1814 , le maire de Chalon, le même qui avait harangué et adulé l'Empereur Napoléon, en 1805, ainsi qu'on le verra dans le cours de ce récit, fit dresser un échafaudage les 14 et 15 avril , autour de la pyramide ; le 16, à dix heures du matin , on descendit l'aigle et la boule qui étaient au faîte de l'Obélisque, et ensuite on effaça les inscriptions qui décoraient la base du monument.

L'aigle, après avoir été traînée dans la boue du ruisseau de la place Saint-Pierre par quelques fanatiques du nouvel ordre de choses, fut, à l'issue d'un banquet , jetée dans un

Les rues de la ville furent sablées, et les maisons décorées de tapisseries et ornées de guirlandes des premières fleurs du printemps.

C'est dans la maison formant le coin de la rue des Tonneliers et de la rue des Cornillons, que furent préparés les appartements destinés à loger Napoléon et Joséphine. Cette « maison la plus spacieuse » et la plus commode de la ville, » appartenait alors à madame Chiquet. Cette dame « avait bien voulu » se déplacer, elle et toute sa famille, au nombre » de seize personnes, pour la mettre à la disposition » de la mairie. Ici la reconnaissance fait un devoir à » la mairie de consigner les grandes obligations » qu'elle a à la complaisance de madame Chiquet ; » elle en a de nombreuses aussi à la bienveillance de » presque tous les habitants aisés de la ville, qui lui

feu de joie, dressé dans le jardin du salon de Flore, et allumé par les autorités, au bruit de boîtes, et aux acclamations des convives qui criaient : Vive Louis XVIII ! Vivent les Alliés! A bas le tyran !

Ajoutons bien vite que la grande majorité de la population chalonnaise ne prit aucune part à cette manifestation insensée.

Lorsque, après l'acte sauveur du 2 décembre 1851, le Prince Louis-Napoléon eut rétabli l'aigle sur les drapeaux et sur les croix de la Légion-d'Honneur, le conseil municipal de Chalon, sur la proposition de M. Pruneau-Dambrun, l'un de ses membres, a voté, le 26 janvier 1852, la somme nécessaire au rétablissement de l'aigle au faîte de l'Obélisque. En vertu de cette décision, l'aigle a été inaugurée le 15 août de cette année, le jour de la fête de l'Empereur et de son neveu, le Prince Louis-Napoléon.

» ont permis de disposer de leurs plus commodes
» appartements pour loger la nombreuse suite de
» LL. MM. Un empressement volontaire a fait plus
» et mieux que l'exigence n'a fait ailleurs. Le mot
» reconnaissance n'exprime pas assez ce que la mai-
» rie a ressenti et ne cessera de ressentir d'une
» bienveillance si flatteuse, qui lui a été si utile , et
» dont les conséquences ont été si heureuses pour
» la ville. C'est un hommage bien mérité que nous
» adressons à nos estimables et obligeants conci-
» toyens. »

Ces expressions de reconnaissance de la part de la mairie prouvent jusqu'à la dernière évidence, l'amour des Chalonnais pour l'Empereur Napoléon.

Une garde d'honneur à cheval, composée de cinquante-quatre jeunes gens des plus notables familles de Chalon, fut organisée par les soins de M. Perrin-Corval, ancien officier de cavalerie , et commandée par lui.

Le général de Montchoisy, commandant la dix-huitième division militaire, dont faisait alors partie le département de Saône-et-Loire , avait mis à la disposition des autorités municipales deux compagnies de vétérans, qu'il avait fait venir de Dijon, et une compagnie d'artilleurs, venue d'Auxonne.

La compagnie d'élite à pied de la ville de Chalon, composée d'anciens militaires, « manœuvrant bien,
» et dans une tenue complète, accompagna la mai-
» rie lorsqu'elle alla au-devant de LL. MM., et fit le
» service intérieur du palais avec la troupe de ligne.
» Le zèle soutenu de cette compagnie , où l'activité

» semble multiplier les hommes, et celui de son
» capitaine, M. Rebillard, sont dignes d'éloges. »

La garde d'honneur, ayant à sa tête le général de
Montchoisy, se rendit au Maupas au devant de Napoléon et de Joséphine, que la gendarmerie était
allée attendre à la limite de l'arrondissement de
Chalon.

Par une sage précaution, les pompiers étaient à
leurs pompes, prêts à porter secours s'il éclatait un
incendie.

Vingt-cinq musiciens amateurs de notre ville
étaient installés sous le vestibule de la maison Chiquet, afin de saluer de leurs plus joyeuses symphonies
l'Empereur et l'Impératrice à leur arrivée.

Le matin du 6 avril, M. Royer, maire, fit publier
dans tous les carrefours de Chalon, l'arrêté suivant:

« Le maire de la ville de Chalon-sur-Saône, arrête
» que ce soir il sera fait une illumination générale
» en réjouissance de l'arrivée de LL. MM. impériales
» et royales.

» Aucun habitant de la ville et des faubourgs ne
» peut s'en dispenser, même ceux qui habitent les
» ruelles et les culs-de-sac.

» Ce devoir n'a pas besoin d'être recommandé
» aux citoyens de Chalon; il n'est sans doute aucun
» d'eux qui n'en sente l'indispensable obligation et
» qui ne s'empresse de faire dans cette occasion im-
» portante un effort proportionné à ses facultés.

» Mais s'il y avait quelque contrevenant à la pré-
» sente ordonnance, il demeure prévenu qu'il sera
» poursuivi extraordinairement et avec toute la ri-

» gueur des lois de la police. Les agents de police
» feront une visite dans tous les quartiers de la ville
» et des faubourgs pour s'assurer s'ils sont illuminés.
» Signé : Royer. »

C'était, de la part du maire, bien peu connaître
l'esprit de ses administrés que de s'exprimer ainsi ;
il n'était nullement besoin de stimuler leur zèle par
des menaces intempestives. Car la plus vive sympa-
thie et le dévouement le plus respectueux des Chalonnais étaient acquis à l'Empereur depuis longtemps.
Aussi, à la chute du jour, toutes les maisons de la
ville et des faubourgs s'illuminèrent spontanément,
brillamment et ingénieusement pour la plupart. Mais
comme les rues de la Colombière et d'Autun ne pos-
sédaient encore que quelques rares maisons, on
plaça, « distribués symétriquement et avec goût, »
depuis Saint-Cosme jusqu'à la place de Beaune, des
pots à feu et des ifs chargés de lampions.

A sept heures du soir, un courrier annonça l'arrivée prochaine de l'Empereur et de l'Impératrice.
« Alors Messieurs Royer, maire, Brunet-Denon (1)
» et Chofflet, adjoints, Sancy-Canat, secrétaire en
» chef de la mairie, Martin, commissaire de police,
» et le conseil municipal entier, se rendirent en cé-
» rémonie sur la limite du territoire de la ville, pré-
» cédés de trois agents de police, et au milieu de la
» haie formée par la garde à pied et la troupe de
» ligne. »

(1). Père de l'honorable M. le général Brunet-Denon,
aujourd'hui député au Corps législatif ; le père du général
était aussi beau-frère du savant Vivant Denon.

Les clefs de la ville , bronzées à neuf, attachées ensemble par une écharpe de soie cramoisie garnie de franges en or, furent posées sur un bassin d'argent ; elles étaient recouvertes d'un voile en velours cramoisi , bordé de crépines en or, ayant aux quatre coins des glands, aussi en or. On avait brodé , également en or et en bosse , sur ce voile, une aigle impériale.

A huit heures, des chandelles romaines , tirées du Maupas , avertirent les autorités que le cortége impérial approchait. « Enfin , le canon qui était sur la » terrasse du jardin de M. Boisserand de Chassey (1), » se fit entendre, et ne laissa plus de doute sur l'ins- » tant désiré. »

A ce signal, les cloches de nos églises sonnèrent à toute volée, et les deux pièces de canon, « la seule » artillerie qu'eut la ville , et que la brièveté du » temps et les mauvais chemins avaient ôté la » possibilité d'augmenter, » saluèrent de chacun douze coups l'arrivée de Napoléon et de Joséphine dans nos murs ; lesquels vingt-quatre coups de ces deux pièces « furent pour les Chalonnais , auprès du » plus puissant prince du monde , le denier de la » veuve. »

Lorsque l'Empereur aperçut les autorités qui l'at-

(1). Cette terrasse et ce jardin étaient situés rue de la Colombière et rue de la Mare ; c'est au centre de ce jardin, autrefois un des bastions des fortifications de la ville , que M. Rogues a bâti cette belle maison abandonnée, et devenue la propriété de MM. Berthod neveu et Coste , anciens banquiers.

tendaient à quelques pas en avant de l'arc de triomphe, il fit arrêter sa voiture. Alors, le maire, décou-
vrant le plat d'argent, dit à sa majesté :

« Sire ! J'ai l'honneur de présenter à Votre Ma-
» jesté impériale et royale les clefs de votre ville de
» Chalon et l'hommage de l'obéissance empressée de
» ses habitants.

» Votre Majesté n'a pas, sire, de plus fidèles su-
» jets; elle n'en a pas qui soient plus profondément
» pénétrés des sentiments d'admiration, de recon-
» naissance et d'amour que la patrie vous doit. Ma
» bouche est trop timide pour essayer l'esquisse des
» titres qui fondent votre gloire, sire, et vos droits
» aux sentiments dont nous payons à Votre Majesté
» le si juste tribut. Les Français se disent avec orgueil
» qu'il n'est aucun genre de gloire dont leur magna-
» nime Empereur n'eut dérobé la palme aux plus
» grandes réputations; et tous vous diront, sire !
» avec complaisance, que s'ils ont pour chef suprê-
» me le plus grand des héros, ce héros commande
» au plus sensible et au plus aimant des peuples. »
Puis, s'adressant à l'Impératrice, le maire prononça le discours suivant :

« Madame, la présence auguste de Votre Majesté
» impériale et royale met le comble au bonheur des
» habitants de Chalon.

» Ce jour heureux entre tous les jours heureux
» ne sortira jamais de notre mémoire.

» Nous serait-il possible, Madame, d'oublier que
» la bienfaisance, la douceur, la bonté auront paru
» quelques instants parmi nous, et que nous aurons

» vu à la fois tout ce que la bonté a de plus aima-
» ble. »

L'Empereur a dit à M. Royer : « Gardez les clefs de
» la ville, elles sont bien entre les mains de son
» maire; je connais le zèle et la fidélité des habi-
» tants de Chalon pour ma personne. »

« L'amour, sire !! ajouta le maire et ce mot parut
» n'avoir pas déplu »

Napoléon donna l'ordre d'avancer; le cortége se
frayant difficilement un passage au milieu d'une foule
compacte, qui faisait retentir l'air des plus vives et
des plus franches acclamations , parcourut la rue
d'Autun, les places de la Pyramide et de Beaune,
la Grande-Rue et la rue des Tonneliers.

Ces acclamations, ces cris de Vive l'Empereur ! de
Vive l'Impératrice ! partaient du cœur; car les Chalonnais portaient un vif attachement à Napoléon :
c'était justice ! puisque c'est sous son règne que la
prospérité de Chalon a atteint son apogée.

A peine installé dans ses appartements , l'Empereur fit appeler le maire, avec qui il s'entretint, jusqu'à l'heure du coucher , des intérêts de la ville de
Chalon. Napoléon n'omit rien. Il s'informa des besoins des prisons, des hospices et de tous les établissements publics. « Aucun objet n'échappa à la
» sollicitude du monarque et à sa bonté ; et chaque
» question avait une justesse de précision qui attei-
» gnait le fond du sujet et caractérisait la grandeur
» dans les plus petites choses. C'est sans doute un
» hommage rebattu que de dire que l'Empereur est
» un être étonnant ! qu'il étonne encore, lors même

» qu'on s'attend à être étonné ! La postérité le jugera
» plus grand encore qu'il n'est jugé par ses contem-
» porains...... Sa Majesté utilisait son voyage à tra-
» vers la France, en la parcourant non pas en sou-
» verain qui se promène et se montre, ou en voya-
» geur qui s'amuse, mais en grand roi qui gouverne
» par lui-même, qui veut connaître les besoins et la
» pensée de ses peuples, et qui sait essuyer les lar-
» mes et répandre à propos les bienfaits. »

L'impératrice Joséphine était présente à cet en-
tretien, qu'elle sut embellir de ce charme et de cette
grâce charmante qui ne la quittaient jamais. Les mi-
nistres, les hauts dignitaires, les officiers, aux uni-
formes éclatants, et les membres les plus éminents
du clergé et des administrations de Chalon faisaient
partie du cercle impérial, qui était aussi nombreux
que brillant.

Napoléon, qui s'était couché, le 6 avril, à dix heures du soir, était au travail, le lendemain, dès cinq
heures du matin : ce travail se prolongea jusqu'à
dix heures. Après un court et frugal déjeuner, Napoléon assista à une messe, célébrée par M. de Prad,
évêque de Poitiers, et aumônier ordinaire de l'Empereur, dans une chapelle improvisée dans la maison Chiquet.

Comme Napoléon descendait l'escalier pour se
rendre à la chapelle, une femme se précipita aux
pieds de sa Majesté, à qui elle demanda la grâce de
son mari, nommé Bernigaud, meunier au Moulin-à-
Papier, « condamné à mort par un jugement ancien
» rendu dans le temps de calamités et de fureurs,

» dont chaque jour efface heureusement le souve-
» nir. » Napoléon s'empressa de relever cette femme et de lui accorder la grâce qu'elle sollicitait.

Après la messe, leurs Majestés reçurent successivement le clergé et les autorités civiles et militaires.
L'Empereur s'entretint avec chacune des personnes
qui lui furent présentées, avec cette bienveillance et
cette clarté qui lui étaient propres. A midi, le maire,
les adjoints et le conseil municipal présentèrent à
Napoléon des vins d'honneur « comme production
» du pays et n'ayant que le faible mérite de la vive
» affection avec laquelle ils étaient présentés ; ils
» n'en parurent que mieux accueillis du monarque
» qui daigna donner l'ordre qu'ils fussent emportés
» dans ses fourgons.

» Cet ordre fut une distinction d'autant plus flat-
» teuse pour Chalon, que partout ailleurs, en
» Champagne et dans le reste de la Bourgogne, les
» vins d'honneur furent acceptés avec bienveillance,
» mais nulle part emportés: l'usage ordinaire est
» d'en faire don aux hôpitaux. Cette distinction pé-
» nétra le maire d'un sentiment profond de recon-
» naissance. »

Douze jeunes filles, de huit à dix ans, « choisies
» parmi les plus jolies, » appartenant aux premières
familles de Chalon, uniformement vêtues en blanc,
et parées des seules grâces de leur âge, offrirent à
l'Impératrice des bonbons d'honneur et des fleurs.
« Les fleurs étaient dans deux vases d'une forme
» agréable, élégamment brodés, et portaient pour
» devise, l'une, ces mots: OFFRANDE DE LA CANDEUR,

» l'autre : A LA BIENFAISANCE. Une *Josephinia* (1) do-
» minait sur chacun des vases. Les bonbons étaient
» placés dans dix petites corbeilles couvertes en
» taffetas rose et ornées de rubans. L'une des aima-
» bles enfants, mademoiselle Adèle de Foudras, fit
» avec grâce un compliment à Sa Majesté l'Impé-
» ratrice, et mademoiselle Brunet-Denon en pré-
» senta un autre attaché à la tige de la *Josephinia*
» de son vase. »

Les bonbons étaient très-variés ; la plupart ren-
fermaient deux devises, l'une en l'honneur de Napoléon et l'autre à la louange de Joséphine. « Ces devi-
» ses avaient été faites exprès, imprimées avec
» soin ; et tout pauvre que soit ce genre de poésie,
» quelques unes étaient heureuses, entre autres
» celles-ci :

» Emule de Titus, vous marchez sur ses pas.
» Il perdit quelques jours, mais vous n'en perdez pas.

» Les muses ont peu d'autels à Chalon ; mais
» quand le cœur parle, il vaut une muse et parle
» toujours bien ! »

Joséphine parut très-flattée de ces hommages ;
elle accepta les présents de ces charmants enfants,
qu'elle combla de caresses. Elle détacha de son col
un magnifique collier qu'elle mit à celui de made-

(1) Genre de plantes de la famille des *Bignoniacées*,
créée par Ventenat, en l'honneur de l'impératrice Joséphine,
et originaire de la Nouvelle-Hollande. La plante — la *Joséphine impératrice* — qui a servi de type a ce genre, in-
téressant par son port, a été élevée à la Malmaison, de
graines apportées par le capitaine Hamelin.

moiselle Adèle de Foudras. L'Impératrice recommanda au maire de lui donner les noms de ces jeunes filles, « voulant, dit-elle, se souvenir de toutes et que » toutes se souvinssent d'elle ! » Paroles charmantes, dont ces jeunes filles et les autres personnes qui les entendirent ont conservé avec bonheur le plus agréable souvenir.

Tout ce que le maire demanda à l'Empereur pour la ville de Chalon, lui fut accordé. De son côté Joséphine autorisa les magistrats municipaux de donner son nom à la principale place (1) du quartier de la Citadelle.

Après avoir témoigné aux Chalonnais leurs regrets de ne pouvoir demeurer plus longtemps parmi eux, Napoléon et Joséphine quittèrent la ville de Chalon, le dimanche des Rameaux, à deux heures après midi, au milieu des plus vives et des plus chaleureuses acclamations de la population qui se porta tout entière sur leurs pas.

M. Simonnot, sous-préfet, M. Royer, maire, MM. Brunet-Denon et Chofflet, adjoints, et les autres autorités civiles et militaires, s'étaient transportés à la limite du territoire de la ville, sur la route de Lyon, pour y recevoir le dernier adieu des augustes voyageurs.

La garde d'honneur escorta LL. MM. jusqu'au hameau de Droux.

Une somme de deux mille francs a été remise à

(1) C'est la place sur laquelle on a bâti le palais de Justice et les prisons actuels.

M. Brunet-Denon, premier adjoint, de la part de Napoléon, pour être répartie « d'après les dispositions
» de la mairie. Cette somme fut distribuée au nom
» de S. M. l'Empereur, proportionnellement entre la
» gendarmerie, la garde de la ville, la compagnie de
» pompiers, celle de l'artillerie et les deux compa-
» gnies de vétérants venues de Dijon et d'Auxonne ,
» les agents de police et le concierge de l'hôtel-de-
» ville. »

Quelques jours après le départ de Napoléon et de Joséphine, M. Royer, maire, a reçu une très-belle tabatière d'or émaillé, enrichie du chiffre de l'Empereur ; « présent deux fois précieux puisqu'il vient d'un hé-
» ros et du souverain. » M. Perrin-Corval, comman-
dant de la garde d'honneur, a reçu aussi une riche tabatière en or, pareille à celle du maire (1).

La tabatière destinée à M. Perrin-Corval était ac-
compagnée de la lettre suivante :

« Palais impérial. Lyon, le 25 germinal an XIII.

» Le grand Maréchal du Palais,

» A monsieur le Commandant de la garde d'hon-
» neur de Chalon-sur-Saône.

» L'Empereur voulant vous donner, Monsieur, une
» marque de son estime, et à la garde d'honneur de
» Chalon-sur-Saône , un témoignage de la satisfac-
» tion que Sa Majesté a de son service, m'a donné

(1) C'est le neveu de M. Perrin-Corval , M. le comman-
dant Perrin du Mont, membre du conseil municipal de Chalon , qui est le possesseur actuel de cette tabatière et de la lettre ci-dessus , qu'il a bien voulu nous communi-
quer.

» l'ordre de vous remettre une tabatière enrichie de
» son chiffre.

» Je vous prie, Monsieur, d'agréer l'assurance de
» ma parfaite considération,

» Signé Duroc. »

Nous avons dit que l'Empereur avait accordé tout
ce que le maire lui avait demandé pour la ville de
Chalon. Voici, à cet égard, le décret impérial qui a
été rendu à Lyon, le 11 avril 1805 :

« Napoléon, empereur des Français , etc.

» Le quai de la ville de Chalon-sur-Saône sera con-
» tinué depuis le grand pont jusqu'au bastion du
» rempart de Sainte-Marie. Les quais actuellement
» existants seront réparés aux frais de la ville.

» Les tribunaux criminel, civil et de commerce
» de cette ville seront transportés dans le local des
» Carmes.

» Le prétoire actuel sera vendu au profit de la ville
» de Chalon, qui restera en conséquence chargée
» des frais de réparations et de translations qui au-
» ront lieu en exécution de l'article précédent, ainsi
» que de la réparation et de la mise en bon état des
» prisons criminelles.

» Le dépôt actuel de mendicité de la même ville
» sera évacué le plus tôt possible. Les mendiants se-
» ront transférés au dépôt qui sera établi dans la
» caserne de Tournus. Les aliénés seront transpor-
» tés à l'hospice des malades de Mâcon , et les con-
» damnés à la détention, dans les maisons de déten-
» tion les plus voisines.

» Une somme de cinquante mille francs est ac-

» cordée sur les fonds de cinq millions six cent mille
» francs des dépenses de l'extraordinaire des routes
» de l'an XIII, à l'effet de pourvoir à l'établissement
» du pavé des rues du nouveau quartier de la ville de
» Chalon, appelé la Citadelle. Le préfet désignera les
» rues qu'il est le plus urgent de paver pour la com-
» modité de la ville et des habitants du quartier. »

Voici maintenant la délibération des magistrats municipaux concernant le changement du nom de la place de la Pyramide en celui de Joséphine :

« Le maire et les adjoints de la ville de Chalon-
» sur-Saône, pénétrés de respect et d'amour pour LL.
» MM. impériales et royales, désirant attester ces
» sentiments à la postérité, ainsi que leur profonde
» reconnaissance à celle de leurs concitoyens pour
» les bienfaits dont LL. MM. ont comblé Chalon ;

» Et jaloux de profiter de la permission flatteuse
» qu'ils ont obtenue de S. M. l'Impératrice et reine
» de donner son nom à la place principale de la Ci-
» tadelle appelée ci-devant la place de la Pyramide,

» Arrêtent ce qui suit :

» Art. 1er. La grande place de la Citadelle, dite
» ci-devant la place de la Pyramide, portera désor-
» mais le nom de place Joséphine.

» Art. 2. Les mots place Joséphine seront écrits sur
» une plaque en fonte coulée au Creuzot ; laquelle
» plaque sera posée sur le lieu le plus apparent de
» cette place.

» Art. 3. Aussitôt que les facultés de la ville le
» permettront, un monument qui réunira le double
» objet d'une utilité publique et d'un ornement, sera

» élevé sur la place Joséphine en l'honneur de S.
» M. l'Impératrice et reine, pour constater la mé-
» moire de cette auguste princesse et éterniser notre
» reconnaissance envers le grand Empereur et roi.

» Art. 4. M. le préfet sera instamment prié de
» comprendre le pavement de la place Joséphine
» dans le nombre de ceux pour lesquels S. M. l'Em-
» pereur et roi a daigné accorder à la ville une
» somme de cinquante mille francs.

» Art. 5. La présente délibération sera envoyée à
» Messieurs le préfet et sous-préfet avec la prière
» de l'approuver.

» Fait à Chalon-sur-Saône, le 8 avril 1805. Si-
» gné: Royer, maire; Brunet aîné, adjoint; Chofflet,
» aîné, adjoint.

» Telles furent les circonstances de ce glorieux et
» mémorable passage ! L'admiration avait pré-
» cédé LL. MM. à Chalon comme partout. La recon-
» naissance et l'amour se joignirent à elle dans le
» cœur des Chalonnais et passeront à leurs descen-
» dants. »

Tout récemment, cette reconnaissance et cet amour des Chalonnais pour la mémoire de l'Empereur Napoléon se sont manifestés de nouveau lors du voyage du Prince-Président dans le midi de la France.

Une députation de la municipalité de Chalon s'est rendue à Lyon pour mettre de nouveau aux pieds du Prince Louis-Napoléon, le témoignage du respectueux dévouement des Chalonnais à sa personne. M.

Lépine, premier adjoint, a prononcé le discours suivant :

    « Prince,

  » La ville de Chalon-sur-Saône pour laquelle l'Em-
» pereur, votre oncle, avait une prédilection parti-
» culière, privée du bonheur de vous posséder pen-
» dant votre voyage, vient par notre organe, pré-
» senter à votre Altesse impériale l'expression de ses
» sentiments de reconnaissance et de dévouement.
» Ces sentiments, Prince, sont inspirés à la popula-
» tion chalonnaise par l'admirable courage que vous
» avez déployé pour sauver la France et par les
» nombreuses institutions que vous avez créées en
» faveur du peuple pour lequel vous avez une solli-
» citude toute paternelle. »

Le Prince a répondu à ce discours avec cette affa-
bilité qui ne le quitte jamais :

    « Je sais que l'Empereur, mon oncle, portait à la
» ville de Chalon-sur-Saône une affection toute
» particulière. Cette affection, je la partage entiè-
» rement, et je suis très-reconnaissant des sentiments
» que la population chalonnaise vient de m'expri-
» mer. Reportez, messieurs, mes paroles à vos con-
» citoyens. »

Si jamais le Prince Louis-Napoléon honore de sa
présence la ville de Chalon-sur-Saône, il reconnaîtra,
par les acclamations unanimes qui accueilleront sa
personne, que notre vénération et notre amour pour
le grand nom de Napoléon sont tout aussi profondément gravés dans notre cœur qu'ils l'étaient et le
sont encore dans celui de nos pères.

II.

Ce ne fut qu'après de longs et douloureux combats pour vaincre ses inquiétudes, sa répugnance et même ses terreurs, que S. S. Pie VII se décida à venir en France sacrer l'empereur Napoléon. Le Pape assimilait la France de 1804 à la France de 1793, qui avait tué son roi, guillotiné les honnêtes gens de toutes les classes de la société, dévasté et pillé les églises et les temples et démoli les châteaux. Mais les temps étaient, heureusement, bien changés; et lorsque le Souverain Pontife eut touché le sol français; lorsqu'il vit les populations accourir des points les plus éloignés, se prosterner à ses pieds et implorer comme une grâce, sa bénédiction, ses terreurs , ses craintes firent place à un véritable ravissement. Des officiers de la maison de l'Empereur pourvoyaient à tout avec une profusion et une magnificence infi- nies ; partout S. S. était entourée des soins les plus délicats et les plus empressés.

Nous ne suivrons pas le Souverain Pontife dans sa marche triomphale à travers la France , ni pen- dant son séjour à Paris, où il arriva le 28 novembre 1804, et où il passa l'hiver. Ce fut le 4 avril 1805, au milieu d'une affluence de peuple plus considérable encore que celle qu'il avait traversée à son arrivée, que le Pape quitta la capitale de la France pour re- tourner dans ses Etats. Partout, aussi bien en Bour- gogne que dans les autres provinces, les populations eurent pour sa personne sacrée le même empresse- ment et la même vénération.

Chalon ne le céda en rien aux autres villes pour recevoir avec magnificence le Souverain Pontife. Le même arc de triomphe, les mêmes appartements qui avaient servi trois jours auparavant à Napoléon et à Joséphine servirent aussi à S. S. Pie VII.

La suite du Pape étant très nombreuse, et son ar- rivée à Chalon étant inopinée, le maire fit appel à l'hospitalité des Chalonnais en faisant publier, le 8 avril, l'arrêté suivant :

« Le maire de la ville de Chalon-sur-Saône, dans
» l'extrême embarras où le met la réception innat-
» tendue d'un courrier de Sa Sainteté, qui lui an-
» nonce subitement, et sans qu'il ait reçu d'avis

» préalable, que vingt-huit cardinaux, évêques et
» autres princes arriveront dans la soirée d'aujour-
» d'hui, et que la suite de Sa Sainteté (qui arrivera
» demain) complètera le nombre de cent six per-
» sonnes.

» Fait appel à tous ses concitoyens et les supplie
» de disposer à la hâte tout ce qu'ils auront de lo-
» gements ; il est impossible de placer des prélats
» dans les auberges : ce serait une indécence. Le
» maire espère du zèle religieux de ses concitoyens
» tous les efforts qui leur seront humainement pos-
» sible.

» Chalon, qui a si bien mérité hier de ses souve-
» rains, ne peut manquer encore de se distinguer
» dans cette nouvelle et auguste circonstance, et de
» donner à Sa Majesté impériale (qui vient de nous
» combler de ses bienfaits) un nouveau témoignage
» de son dévouement.

» Que mes concitoyens daignent se représenter
» l'extrême embarras et l'extraordinaire sollicitude
» de la mairie, et apercevoir que le nouveau dévoue-
» ment qu'elle sollicite d'eux est forcé, et qu'elle n'a
» aucun moyen de le leur éviter.

» Ce ne sont que des logements qu'il est néces-
» saire et indispensable d'avoir ; il n'y aura de repas
» à préparer pour personne.

« Signé, ROYER, maire. »

Cet appel à l'antique hospitalité chalonnaise n'a
pas été fait en vain, et chacun s'est empressé de
mettre sa maison à la disposition des personnages il-

lustres qui honoraient notre vieille cité de leur présence.

En effet, le même jour de la publication qui pré-
cède, le lundi saint, 8 avril, ainsi que l'avait annoncé
le maire, les cardinaux Antonelli, Caselli, des archevêques, des évêques et des officiers des maisons de
l'Empereur et du Pape arrivèrent à Chalon dans la
soirée, précédant d'un jour le Souverain Pontife.

Le lendemain, le maire fit publier un nouvel arrêté,
ainsi conçu :

« Il sera fait ce soir une illumination générale dans
» tous les quartiers de la ville, en réjouissance de
» l'arrivée du Souverain Pontife.

» Le zèle religieux des habitants de Chalon n'a pas
» besoin d'être excité pour donner au chef auguste
» de la religion ce signe de l'allégresse publique. »

En conséquence de cet arrêté, chacun des habitants
prépara ses lampions ; de son côté, la mairie disposa,
ainsi qu'elle l'avait fait pour Napoléon et Joséphine,
depuis Saint-Cosme jusqu'à la place de Beaune, des
pots-à-feu et des ifs qui furent allumés à la chute du
jour. Tous les édifices publics furent également illuminés dès qu'il fit nuit.

La même garde d'honneur à cheval, formée à l'occasion du séjour de LL. MM. dans nos murs, fut attendre Pie VII au Villars ; la gendarmerie alla jusqu'au-delà de la forêt de Marloux.

Le curé de Saint-Vincent, à la tête d'un nombreux
clergé qui s'était transporté jusqu'à Saint-Cosme au
devant du Pape, complimenta le Saint Père en latin,

dans un style correct et élégant qui charma les au-
diteurs.

Les magistrats municipaux, ayant à leur tête
M. Royer, maire, et les autres autorités civiles et militaires, attendirent le Pape à l'entrée de la ville, rue
d'Autun, à quelques pas de l'arc de triomphe. L'arrivée du Souverain Pontife fut annoncée par les cloches des églises sonnant à toute volée, et par une
triple décharge des canons qui avaient salués Napoléon et Joséphine trois jours auparavant. Le maire
s'étant approché de la voiture de S. S., il complimenta
Pie VII en ces termes :

« Très-Saint Père,

» C'est un jour bien heureux pour moi que celui
» où je suis appelé à vous présenter le profond res-
» pect et les religieux hommages des habitants de
» Chalon et les miens, trop profondément sentis pour
» être exprimés comme je souhaiterais qu'ils le fus-
» sent.

» Il est également beau ce jour pour mes conci-
» toyens, déjà si heureux par la présence récente du
» plus grand et du plus généreux des monarques.

» La persévérance de leur foi, leur soumission
» constante, comme celle de leurs ancétres de tous
» les àges, à l'unité de l'Eglise, rendent les habitants
» de Chalon dignes du bienfait que la Providence
» leur accorde pendant ces jours saints de la pré-
» sence du chef auguste de la religion.

» Le zèle ineffable de Votre Sainteté n'apprendra
» pas sans intérêt qu'au milieu même des plus vio-
» lents orages qui ont déchiré le sein de la religion

» et de notre patrie, et auxquels la main d'un héros,
» conduite par le Dieu des miséricordes, nous a enfin
» arrachés, la presque totalité des habitants de cette
» ville a eu le bonheur de rester constamment atta-
» chés à la foi et au Saint-Siége.

» Très-Saint Père, que Votre Sainteté daigne com-
ʏ bler les faveurs que la Providence a faites à cette
» ville en accordant pendant son séjour à nos for-
» tunés concitoyens et à nous les grâces divines dont
» elle peut disposer, et que nous lui demandons avec
» la plus ardente ferveur. »

Après ce discours, auquel Sa Sainteté a répondu
par quelques paroles pleines de bienveillance, la voiture du Pape se remit en marche, précédée des autorités municipales, « par une circonspection super-
» flue sans doute, mais qui leur fut dictée par le
» souvenir trop récent encore de l'égarement et de
» l'irreligion que quelques personnes avaient mon-
» trées.

» Les acclamations sur le passage du Saint Père
» ne furent pas aussi excessives qu'elles l'avaient été
» pour LL. MM. ; il semblait qu'alors elles avaient été
» épuisées ! Mais tout le monde fut décent, et le zèle
» religieux, réchauffé par l'auguste présence du chef
» spirituel du monde chrétien, s'est développé de la
» manière la plus édifiante et qui justifie l'antique et
» honorable réputation du caractère affable et reli-
» gieux des Chalonnais. »

Le cortége, après avoir parcouru la rue d'Autun,
les places de la Pyramide et de Beaune, la Grande-
Rue et la rue des Tonneliers, brillamment illuminées,

s'arrêta à la maison Chiquet. Avant de se retirer, avec le cardinal Antonelli, dans les appartements qui lui avaient été préparés, Sa Sainteté donna sa main à baiser au maire, aux adjoints et au commissaire de police, et bénit la foule qui l'entourait. Il était neuf heures du soir (1).

Le Mercredi Saint, le lendemain de l'arrivée de Pie VII à Chalon, avait été d'abord destiné à être consacré au repos de S. S. Mais le Saint Père, revenant sur son premier dessein, donna audience aux autorités civiles et militaires. A cette audience, le Pape fut complimenté en langue latine, d'un très-bon style, par M. Dujardin, membre du conseil municipal. Le public fut ensuite admis au baisement des pieds de Sa Sainteté. « Riches et pauvres, tout fut

(1) Pie VII n'est pas le seul pape qui a visité Chalon. Ne voulant pas étendre ce récit outre mesure, nous mentionnerons seulement le séjour de deux souverains pontifes dans nos murs.

Jean VIII, que les détracteurs de la papauté ont nommé papesse Jeanne, forcé de fuir ses Etats, se réfugia en France ; il vint à Chalon une première fois, en 878, où il fut reçu en grande pompe. Pendant le sommeil de ses serviteurs, des voleurs lui dérobèrent ses chevaux, qui ne furent pas retrouvés, malgré une excommunication lancée par le pape contre les larrons. L'année suivante, Jean VIII demeura vingt jours à Chalon; pendant son séjour il y canonisa les évêques chalonnais Agricole, Loup, Grat et plusieurs autres prélats réputés pour leurs hautes vertus durant leur vie.

En 1145, le pape Eugène, accompagné d'une cour resplendissante par la richesse de ses costumes brodés d'or et de pierreries, vint à Chalon, où il fut reçu avec une grande magnificence.

» admis auprès du Père commun des fidèles, et il
» en fut de même pendant tout son séjour dans la
» fortunée ville de Chalon. »

Le Jeudi Saint, le Souverain Pontife assista à l'office divin dans l'église de Saint-Vincent. Les autorités, d'accord avec le clergé des deux paroisses de Chalon, choisirent cette église de préférence à celle de Saint-Pierre, par la seule raison qu'étant la plus grande de la ville, elle contiendrait un plus grand nombre de fidèles, avides de contempler les traits vénérables du Saint Père. En cette circonstance, et pour satisfaire « aux besoins des deux paroisses, ont mit le prix des
» chaises à quinze sols, celui de chaque place aux
» tribunes de la nef à trente sols, et celui des tribunes
» du chœur à trois francs. La location des chaises et
» des tribunes fut mise en commun, ainsi que les
» quêtes, entre les deux paroisses. »

Les deux offices du Vendredi Saint, auxquels assistèrent le Pape et sa cour, furent célébrés par S. E. le cardinal Antonelli, grand pénitentier. Le Saint Père y donna l'exemple de l'humilité chrétienne ; il alla, de son trône à l'adoration de la Croix, pieds nus, suivi des cardinaux, de M. François de Fontages, archevêque-évêque d'Autun, des autres prélats et d'un nombreux clergé, ainsi que des officiers italiens et français, des autorités de tous les degrés, et de tous les fidèles qui avaient pû trouver à se placer dans l'église. Le dais était porté par le maire et par les autres magistrats municipaux.

Le même jour, le Souverain Pontife visita l'hôpital des malades, fondé sous le règne de François Ier, en

1529, où il fut reçu et « complimenté par la mai-
» tresse, madame Leschenault, religieuse d'un rare
» mérite, que la Providence avait donnée, dans sa
» miséricorde, pour supérieure à cette maison qu'elle
» a sû maintenir intacte par sa fermeté et sa sagesse
» au milieu des contradictions, des menaces et des
» dangers même dont elle est environnée. »

Sa Sainteté, prévenue du grand mérite et des hautes
vertus de la supérieure de l'hôpital, fit à cette dame
l'accueil le plus bienveillant et le plus distingué. Le
Pape visita toutes les salles et toutes les pièces de
cette sainte maison ; il eut des paroles d'encourage-
ment et de consolation pour les malades. Après avoir
témoigné à la supérieure et aux religieuses toute sa
satisfaction du bon ordre qui régnait partout, et avoir
donné sa bénédiction aux malades, aux religieuses
et à un grand nombre de dames qui étaient là, le
Saint Père retourna à son palais, bénissant sur son
passage une foule immense qui se prosternait à ses
pieds.

La joie que les religieuses de l'hôpital, de la Charité et des autres pieux établissements éprouvèrent
de la présence de Pie VII dans leurs maisons fut encore augmentée par la reprise « de leurs habits
» de religion que la révolution leur avait arrachés
» et qu'elles venaient d'obtenir la permission de
» porter. »

Le Samedi Saint, après avoir assisté aux offices du
jour dans l'église de Saint-Vincent, le Pape visita
l'hospice de la Charité, fondé en 1684, dont il ad-
mira la bonne tenue. Ainsi qu'il l'avait fait la veille,

lorsqu'il sortit de l'hôpital des malades, il donna sa bénédiction à la multitude qui l'entourait, et qui se portait incessamment sur ses pas.

De là, Sa Sainteté se rendit à Saint-Marcel ; elle y bénit le maître-autel de l'église de cet ancien monastère, y visita « les reliques de Saint-Marcel, le » puits où fut martyrisé ce premier apôtre de Chalon, » la place où fut le tombeau d'Abaïlard, les inscrip- » tions relatives à ces deux monuments, et ne sortit » de cette église qu'après avoir répandu sa bénédic- » tion sur une foule accourue de tous les villages » des environs. »

Le jour de Pâques, le Saint Père ne pouvant pas — de même qu'il n'avait pu le faire le Jeudi Saint — célébrer pontificalement, par le motif qu'il n'avait pas les ornements en usage dans ces sortes de cérémonies, dit une messe basse à l'église Saint-Vincent. Ensuite il fit chapelle en assistant à la grande messe, célébrée solennellement et en grande pompe par S. E. le cardinal Antonelli.

Après cette messe solennelle, les Chalonnais ont été témoins d'une action sans exemple dans les annales de la papauté. Le Pape se rendit processionnellement à pied de l'église de Saint-Vincent à l'église de Saint-Pierre. Nous dirons ici, pour ceux qui l'ignorent, que jamais le Souverain Pontife ne se montre à pied dans les cérémonies publiques.

Aussi, lorsque le maire — qui en ignorait l'importance — « osa solliciter cette faveur, il éprouva » une vive résistance, non pas auprès du Souverain » Pontife, qui daigna n'y montrer aucune répu-

» gnance, mais auprès des prélats italiens ; et cette
» résistance ne fut surmontée que par l'extrême
» bonté du Saint Père, l'intérêt qu'y mit monseigneur
» l'archevêque - évêque d'Autun, la garantie que
» donna le maire du caractère religieux et moral de
» ses concitoyens et par une proclamation commu-
» niquée au Souverain Pontife, aux prélats et aux
» officiers de l'Empereur, et qui fut publiée sur le
» champ. »

Voici cette proclamation, que le maire fit publier le Samedi Saint dans tous les carrefours de la ville.

« Le Souverain Pontife déterminé, dans sa bonté,
» de faire aux habitants de Chalon la grâce d'assister,
» demain jour de Pâques, à la grande messe de Saint-
» Vincent, qui sera célébrée par S. E. monseigneur
» le cardinal Antonelli, grand pénitencier, et Sa Sain-
» teté devant se rendre immédiatement après la
» grande messe à l'église de Saint-Pierre pour y
» donner la bénédiction pontificale.

» Cette cérémonie qui, dans aucun âge, n'a été
» célébrée en France, étant à Rome la plus grande
» des solennités, il est de notre respect pour la re-
» ligion et de notre vénération pour la personne au-
» guste du Souverain Pontife de rendre à Sa Sain-
» teté tous les honneurs qui sont dûs à son double
» caractère de Souverain temporel et de Chef su-
» prême de la religion, et que Sa Majesté impériale
» et royale a ordonné qu'on lui fît.

» C'est pourquoi le maire arrête :

» Que les rues seront tapissées sur tout l'espace
» que doit parcourir Sa Sainteté ; savoir : la rue des

» Tonneliers, où est le palais papal, dans toute son
» étendue, la rue des Cornillons, la place Saint-Vin-
» cent dans toute sa conférence (sic), la rue du
» Commerce, depuis la place Saint-Vincent (1) jus-
» qu'à la place du Châtelet, la place du Châtelet,
» l'extrémité de la rue Saint-Georges, la rue de la
» Porte-au-Change, jusqu'à la place des Carmes; la
» place des Carmes dans toute sa conférence (sic).

» Par respect pour la souveraineté temporelle du
» Pape, tous les hommes auront le chapeau bas sur
» son passage, et, comme il serait possible que Sa
» Sainteté daignât nous faire la grâce de se rendre
» à pied processionnellement à l'église de Saint-
» Pierre, par respect pour le chef auguste de la re-
» ligion, tout le monde indistinctement, hommes,
» femmes et enfants, se mettront à genoux à l'ins-
» tant où le Saint-Sacrement et le Souverain Pontife
» passeront devant chacun de nous. Le rit catho-
» lique étant le seul dont l'exercice soit public
» dans ce département, la présente ordonnance de
» police est autorisée par la loi.

» Le maire espère qu'il ne trouvera ancun délin-
» quant à cette ordonnance; les personnes dont l'o-
» pinion religieuse serait contraire à cette marque

(1) Il y a évidemment erreur ici. La rue du Commerce,
aujourd'hui rue du Châtelet, commençait, comme de nos
jours, à la jonction de la Grande-Rue et de la rue du Pont,
et finissait à la place du Châtelet. La rue qui commence à la
place Saint-Vincent et qui finit à la jonction de la Grande-
Rue et de la rue du Pont, se nommait rue du Beurre; son
nom actuel est rue Saint-Vincent.

» de respect devront regarder comme un devoir de
» ne pas se trouver sur le passage du Souverain
» Pontife dans cette cérémonie publique. Mais, s'il
» arrivait qu'il y eut quelques contrevenants, ils de-
» meurent avertis qu'ils seront poursuivis selon la
» rigueur des lois.

» Le Maire, Royer. »

Une estrade à gradins avait été construite sur les marches extérieures de l'église de Saint-Pierre, communiquant de plein pied avec le pavé intérieur de l'édifice. Un trône, surmonté d'un baldaquin en étoffe de soie rouge, garnie de crépines en or, était placé sur l'estrade ; le tout était recouvert d'un vaste *velarium*.

Ainsi que l'avait ordonné le maire, les rues et les places étaient tendues de tapisseries et sablées. « Mais la plus belle décoration fut un peuple im-
» mense dans le recueillement du silence et de la
» dévotion. »

Lorsque la procession sortit de l'église de Saint-Vincent pour aller à l'église de Saint-Pierre, il tombait un peu de pluie ; alors la tête de la procession rentra précipitamment dans l'église, et on s'empressa d'avertir Sa Sainteté de l'état du ciel. « Ce n'est rien, » dit-elle, le peuple m'attend, allons ! » Ces paroles toutes chrétiennes se gravèrent profondément dans le cœur reconnaissant de ceux qui les entendirent. Ces paroles se répandirent rapidement au dehors, et augmentèrent encore, s'il était possible, la vénération des Chalonnais pour Pie VII.

Le Pape marchait sous un dais d'une grande magnificence, porté par M. de Roujoux, préfet du département de Saône-et-Loire ; par M. Simonnot, sous-préfet de Chalon ; par M. Royer, maire, et par le président de la Cour criminelle.

Lorsque la procession fut arrivée à la place des Carmes, aujourd'hui place Saint-Pierre, le Souverain Pontife se plaça sur son trône ; les cardinaux, les évêques, un nombreux clergé venu de tous les points du diocèse, tous revêtus de leurs ornements sacerdotaux, ainsi que les officiers de l'Empereur et du Pape, et les autorités civiles et militaires entourèrent le Saint Père, en se plaçant sur les degrés de l'estrade : c'était un magnifique et imposant spectacle !

Alors, « le vénérable Pontife, après avoir élevé
» ses mains suppliantes vers le Ciel et invoqué le
» Tout-Puissant, répandit sa bénédiction solennelle
» et pontificale sur plus de vingt mille personnes
» réunies dans le silence du recueillement pour la
» recevoir.

» Cette cérémonie est à Rome la plus importante
» de toutes les solennités, comme elle en est la plus
» imposante. Chalon a joui, ainsi que Rome, de cette
» précieuse faveur.

» L'instant de cet acte auguste fut marqué par une
» décharge de canons et par l'harmonie d'une mu-
» sique nombreuse. »

En se rendant caution pour ses administrés auprès du Souverain Pontife et des cardinaux, le maire avait rendu justice au bon esprit des Chalonnais. Car, « au
» milieu d'une foule immense, il n'y eut personne

» qui ne fût dans le recueillement le plus édifiant ;
» personne qui ne fût à genoux sur le passage du
» Souverain Pontife. Un silence religieux régna
» pendant l'auguste cérémonie, et ne fut point trou-
» blé que par un peu de pluie qui tomba. Au mo-
» ment où la cérémonie se termina, des acclama-
» tions unanimes de Vive le Saint Père ! partirent
» de tous les points de cette foule immense qui oc-
» cupait la place tout entière et les rues adjacentes.
» Dans la satisfaction que LL. EE. les cardinaux et
» les prélats ressentirent de ce miracle de piété et
» de décense après des temps si malheureux, ils pro-
» diguèrent au maire les expressions de leur con-
» tentement. On voyait qu'ils n'avaient pas été maî-
» tres d'un peu d'inquiétude. Honneur aux habitants
» de cette ville d'une conduite si respectable, qui fut
» imitée par les étrangers, et bonheur aux magistrats
» d'avoir de tels concitoyens. »

Après la bénédiction, le Pape, accompagné du
même cortége et suivi par une foule compacte, rentra
dans ses appartements. Quelques instants après, des
cardinaux, des évêques firent leurs adieux à Sa Sainteté, ainsi qu'aux autorités municipales, qu'ils re-
mercièrent pour l'hospitalité si cordiale qu'ils avaient
reçue, et quittèrent Chalon vers les trois heures du
soir. « Ici commença la tristesse ! Six jours d'habi-
» tude et de la communication la plus aimable,
» avaient rendu comme de la même famille ces
» hommes recommandables à ceux qui avaient l'hon-
» neur de les approcher. La séparation fut doulou-
» reuse.

» Elle le fut bien plus encore lorsque le Saint
» Père partit! C'était un père qui quittait ses en-
» fants, et des enfants qui quittaient leur père ! La
» Majesté du Souverain s'était confondue dans les
» sentiments plus doux de l'affection et de la reli-
» gion. » Cette douloureuse séparation eut lieu le
lundi de Pâques, 14 avril.

Lorsque M. de Fontanges, archevêque-évêque
d'Autun, prit congé de Pie VII, Sa Sainteté, touchée
des marques d'attachement et de la vénération des
populations du diocèse pour sa personne sacrée, in-
vita l'évêque d'Autun à lui demander une grâce quel-
conque. Le prélat sollicita et obtint pour lui et ses
successeurs la confirmation du privilége si envié du
Pallium (1).

Quelques instants avant le départ de Pie VII de
Chalon, M. Royer, maire, et les autres autorités, sol-
licitèrent et obtinrent du Souverain Pontife une au-

---

(1) Ornement consistant en une bande d'étoffe en laine
blanche, large de trois doigts, entourant les épaules, avec
des pendants longs d'une palme (environ 23 centimètres)
devant et derrière, et de petites lames de plomb arrondies
aux extrémités et couverte de soie noire et de quatre croix
rouges. Le Pape envoie cette décoration aux archevêques
comme une marque de leur dignité, et quelquefois à des
évêques par une faveur toute particulière. Les archevêques,
ne peuvent officier pontificalement avant d'avoir reçu le
Pallium.

L'usage du *Pallium*, d'origine grecque, ne commença
dans l'Eglise latine qu'au Ve siècle. Saint-Syagre, évêque
d'Autun, qui a occupé ce siège de 560 à 600, est le premier
prélat de ce diocèse qui a été décoré du *Pallium*.

dience d'adieu. Le maire, pénétré d'une profonde émotion, prononça les paroles suivantes :

« Très-Saint Père ,

» Le bonheur de jouir de la présence auguste de
» votre Sainteté va finir pour nous ! Qu'elle me per-
» mette la vive et sincère expression des regrets
» qu'elle laisse parmi les Chalonnais!! Jamais les beaux
» jours qu'ils viennent de passer ne sortiront de leur
» mémoire et de leur cœur.

» Daignez, Très-Saint Père, vous souvenir quel-
» quefois de ce peuple qui fut si empressé autour de
» Votre Sainteté, si nombreux et si religieux dans la
» solennité d'hier. Que Votre Sainteté daigne le bénir
» encore des lieux où elle sera, et adresser au Tout-
» Puissant une courte prière pour ce bon peuple et
» pour ses magistrats.

» Nous rendons grâce à Dieu et à vous, Très-
» Saint Père, des faveurs dont Votre Sainteté nous a
» comblés. »

Le Souverain Pontife a répondu à ces adieux par quelques paroles touchantes, bien senties et qui partaient du cœur.

Après cette audience d'adieu, le maire, accompagné de ses adjoints et de son conseil, M. Simonnot, sous-préfet, et toutes les autres autorités civiles et militaires se rendirent à la porte de Lyon pour rendre un dernier hommage à Sa Sainteté, « qui daigna
» faire arrêter sa voiture et donner sa main à baiser
» au sous-préfet et à tous les membres de la mairie.
» Qu'il soit permis au sentiment de la plus profonde
» reconnaissance de laisser échapper que le véné-

» rable Pontife, dont le corps était sorti tout entier
» de la portière lorsque le sous-préfet et le maire s'en
» approchèrent, daigna, dans sa bonté, pencher sa
» tête sur chacun d'eux au moment où ils baisaient
» ses mains ! honneur infini qu'il avait déjà fait pré-
» cédemment au maire, et dont le souvenir vivra
» dans son cœur autant que son cœur battra dans sa
» poitrine. Puisse la divine Providence lui accorder
» des jours aussi longs que son souvenir le sera
» parmi nous, et verser sur ses jours tout le bonheur
» qu'il a répandu sur les nôtres ! Quelle reconnais-
» sance ne devons-nous pas au Souverain Pontife
» Pie VII qui, après avoir assuré le bonheur des Fran-
» çais en donnant l'Onction sainte au héros qui les
» commande, a répandu sur nous tant de grâces spi-
» rituelles. »

La garde d'honneur escorta le Pape jusqu'à Droux,
et la gendarmerie jusqu'à Sennecey-le-Grand.

Quoique peu riche, Pie VII a laissé à Chalon de
nombreuses marques de sa munificence; il a notam-
ment donné douze cents francs à des victimes d'un
incendie, dont Navilly-sur-Doubs venait d'être le
théâtre. Il récompensa généreusement un artiste mé-
canicien qui lui avait fait hommage d'un « mécanisme
» très-ingénieux d'horlogerie. » Il laissa en outre
une somme de neuf cent soixante francs qui fut distribuée proportionnellement aux mêmes personnes
qui avaient eu part aux deux mille francs donnés par
Napoléon.

Sa Sainteté laissa aussi des souvenirs aux personnes qui l'avaient approchées fréquemment pendant

son séjour. C'est ainsi qu'elle donna à M. Royer,
maire, une bonbonnière en agate, un chapelet en
lapis-lazuli et une médaille en argent représentant
la tête de Pie VII. M. Simonnot, sous-préfet, MM.
Brunet-Denon et Chofflet, adjoints au maire, les
conseillers municipaux, le commissaire de police,
les officiers des troupes et tous les gardes d'honneur qui avaient fait le service auprès de Sa Sainteté
tout le temps de son séjour à Chalon, reçurent aussi
chacun une médaille en argent à l'effigie du Saint
Père.

« Ainsi finit une double époque à jamais mémo-
» rable pour Chalon-sur-Saône. Serait-il possible à
» nous, à nos descendants même, d'oublier que
» nous avons vus et possédés dans la même quin-
» zaine, le plus grand des héros et le chef auguste
» de la Religion ; que le héros Empereur a comblé
» notre ville de ses bienfaits temporels, et le Véné-
» rable Pontife de ses bienfaits spirituels. »

Nous avons fait remarquer, au commencement de
ce récit, combien il y a d'analogie entre les évènements de 1804 et ceux de 1852. Cette analogie sera
complète si, comme nous l'espérons, Sa Sainteté
Pie IX vient sacrer l'Empereur Napoléon III, de même
que Pie VII a sacré Napoléon Ier. La génération Chalonnaise actuelle n'aura donc rien a envier à celle
qui vivait en 1805, puisque, elle aussi, aura la visite
du Chef suprême de la Chrétienté.